Una carrera en programación

Carreras en computación

Rory McCallum

COMPUTACIÓN CIENTÍFICA EN EL MUNDO REAL™

Rosen Classroom™

Publicado en 2018 por The Rosen Publishing Group, Inc. 29 East 21st Street, New York, NY 10010

Autor: Rory McCallum
Traductor: Alberto Jiménez
Directora editorial, español: Nathalie Beullens-Maoui
Editora, español: María Cristina Brusca, Editora, inglés: Caitie McAneney
Diseño del libro: Jennifer Ryder-Talbot

Créditos fotográficos: Cubierta, 8 sabrisy/Shutterstock.com; p. 4 ronstik/Shutterstock.com; p. 6 dotshock/Shutterstock.com; p. 10 Rawpixel.com/Shutterstock.com; p. 12 ESB Professional/Shutterstock.com; p. 14 GaudiLab/Shutterstock.com.

ISBN: 9781538356494
6-pack ISBN: 9781508138211

Fabricado en Estados Unidos de América

Información de cumplimiento CPSIA Lote #WS18RC: Si desea más información póngase en contacto con Rosen Publishing, New York, New York, teléf. 1-800-237-9932

Contenido

¿Qué hacen los programadores?

¿Quieres seguir una **carrera** en programación? Los programadores suelen trabajar con códigos (líneas del programa). Ellos crean programas para que las computadoras realicen ciertas tareas. También arreglan los posibles defectos del código.

Los programadores trabajan para distintas compañías, como las compañías de *software*. Estos son programas de computadora usados por muchas **industrias**. Todas ellas, desde la de educación hasta las de medicina, necesitan *software*.

Maestros en solución de problemas

¿Te gusta resolver problemas? En nuestras vidas los resolvemos a diario. Algunos son tan pequeños que ni siquiera nos damos cuenta de que los solucionamos.

Los programadores son maestros en resolver problemas. En primer lugar, deben averiguar cuál es el problema o reto. Después, intentar solucionarlo paso a paso. Fragmentar un problema hace que sea más fácil de solucionarlo.

gridHeights()
$(window).
gridHeights()
$('.close-
$(this).closest(
return false
$('#contact-form').
success: function
alert(data.message)
console.log(form)
if (data.status ==
$(form).resetForm()
').isotope({
// options
itemSelector: 'li',
layoutMode: 'fitRows'
').imagesLo
').isot
').clic

Creadores de código

A veces los programadores tienen que crear un nuevo código. Tienen que saber cuál es el lenguaje de programación adecuado para el trabajo. Los lenguajes de programación hacen posible decirle a una computadora qué hacer; hay muchos. Los programadores que crean código miran primero su **proyecto** como un todo. Luego, lo dividen en pasos más pequeños y se formulan distintas preguntas: ¿qué tiene que hacer este programa?¿Cuáles serán las diferentes partes del programa?

Trabajo en equipo

Los programadores, a veces, trabajan solos. Algunos desde casa. Pero a menudo trabajan juntos, en equipo. Los programadores comparten ideas y partes de código para ayudarse a resolver problemas. Practican diferentes formas de **lluvia de ideas** debido a las distintas formas de enfocar la creación de un programa de *software*.

Cuando trabajan en equipo, terminan mucho más rápido los proyectos que trabajando por separado. Se ayudan mutuamente para detectar virus en el programa.

Depurar el código

El código de un *software* se compone de largas cadenas de letras y números; hay muchas formas de que se presenten virus en él. Los programadores suelen regresar al programa para eliminar los virus que impiden que el programa funcione como debiera; el proceso de eliminarlos se llama depuración. Cuando los programadores detectan el virus, pueden arreglarlo. ¡Entonces el programa estará listo para utilizarse!

¿Funciona?

¿Qué sucede después de que un programador crea o arregla un programa? Es el momento de probar el nuevo código. El programador ejecutará el *software* para cerciorarse de que funciona bien. A veces no funciona al primer intento, entonces arreglará el problema y lo probará de nuevo. Una carrera en programación es genial para alguien a quien le guste mucho resolver problemas ¡siempre hay **retos**!

Glosario

carrera: Un trabajo que alguien hace durante mucho tiempo.

industria: Grupo de actividades relacionadas.

lluvia de ideas: Pensar en grupo posibles formas de resolver un problema.

proyecto: Una tarea.

reto: Algo que pone a prueba el conocimiento y las habilidades.

Índice